孙志祥 编著

青少年足球颠球训练完全图解

人民邮电出版社
北京

图书在版编目（CIP）数据

青少年足球颠球训练完全图解 / 孙志祥编著. -- 北京 : 人民邮电出版社, 2022.6
ISBN 978-7-115-57761-0

Ⅰ. ①青… Ⅱ. ①孙… Ⅲ. ①青少年－足球运动－运动训练－图解 Ⅳ. ①G843.2-64

中国版本图书馆CIP数据核字(2021)第220752号

免责声明

作者和出版商都已尽可能确保本书技术上的准确性以及合理性，并特别声明，不会承担由于使用本出版物中的材料而遭受的任何损伤所直接或间接产生的与个人或团体相关的一切责任、损失或风险。

内 容 提 要

颠球训练可以增强球员的球感，提升球员的控球能力，为盘带、传接球、射门等技术的学习和实施打下扎实的基础。本书前三章详细介绍了近30项适合个人的颠球训练方法，第4章介绍了10项适合团队的颠球训练方法，主要涉及“结合球”和“分配球”训练，是技术与意识的结合训练。本书由浅入深地介绍了每项训练的目的和要点，部分训练还附有评测方法和要求，适合足球教练、体育老师及致力于培养孩子的足球运动兴趣的家长阅读。

◆ 编　　著　孙志祥
责任编辑　林振英
责任印制　周昇亮
◆ 人民邮电出版社出版发行　　北京市丰台区成寿寺路 11 号
邮编　100164　　电子邮件　315@ptpress.com.cn
网址　https://www.ptpress.com.cn
临西县阅读时光印刷有限公司印刷
◆ 开本：700×1000　1/16
印张：7.5　　2022 年 6 月第 1 版
字数：118 千字　　2022 年 6 月河北第 1 次印刷

定价：49.80 元

读者服务热线：(010)81055296　印装质量热线：(010)81055316
反盗版热线：(010)81055315
广告经营许可证：京东市监广登字 20170147 号

前言 PREFACE

很高兴您能阅读本书。想必您和我一样，非常热爱足球运动。俗话说："磨刀不误砍柴工。"对于足球训练，尤其是在球员的青少年时期，在没有进行系统的身体力量训练之前，不论球员的场上位置和个人类型如何，一定要先把基本功练扎实，把技术练好。曾有教练说，进行足球训练就像练习演奏一种乐器，只有单人演奏达到一定水平，才能和乐队合练。这种说法就说明了基本功的重要性。

基本功训练一般包括颠球训练、盘带训练和传射训练等。本书介绍的是颠球训练的有关内容。颠球训练的过程枯燥、乏味、难度大，很容易让人产生挫败感，继而放弃。但也正是因为这样，颠球训练很能考验球员是否具有专注度、领悟力、勇于挑战并乐在其中的态度，也很能检验球员是否真的具有足球天赋。

为什么要进行颠球训练？为什么有那么多种颠球训练？为什么有如此严苛的考核标准？为什么从小就要练好基本功？

第一，球员进行颠球训练是为了练出球感。因为球是有弹性的，通过颠球训练，球员能练出柔和的球感，从而更好地控制球。在从颠球不熟练到熟练的过程中，球员的球感、身体协调性、步伐紧凑性、动作敏捷性、人球结合性等方面都能得到很大程度的提升。同时，颠球训练对盘带、传球和射门的力度、脚法的提升也有很大帮助。

第二，颠球训练的种类多、难度大是为了适应比赛的多样化需要。在比赛中，传球力量或大或小、球的落点或高或低，面对各种不同的情况，球员需要合理地进行处理。尤其是当身体处于高速运动状态时，力度很难控制，这就需要球员有扎实、全面的技术。同时，比赛中的其他因素，例如天气、场地、体力消耗等，都会对技战术的发挥造成影响。所以，颠球训练要有一定的难度、强度，才能让球员适应比赛。在球员的简单技术稳定之后，训练难度就要逐渐增加。

第三，经历严苛的考核是球员挑战自我的好方法。在从不断失误到成功的过程中，球员的技术水平会逐渐提高，球员的训练状态也将变得更加稳定、放松，呈现出“量变引起质变”的效果，为将来进行更难的训练打好基础。而且，通过反复训练，球员的身体会形成肌肉记忆，技术动作一旦练成就很难被忘记。

第四，从小练好基本功对小球员有非常大的帮助。基本功练得越全面的球员，其处理球的方法就越丰富，同时，球员的踢球方式也会逐渐完善。基本功好的球员，处理球的方法会更加合理。不协调、不标准的动作习惯一旦养成就很难被纠正。而且，基本功不好的球员，其技术运用方法一般也很不合理，这样的球员的成长过程，就是“胡踢、乱踢”的过程。

基本功训练的目的，就是让球“听话”。高水平的球员踢球时就好像在“用手控制球”一样，停球稳，传球准。衡量一个球员的水平高低有两个标准，一是结合球的能力，二是分配球的能力。如果不进行全面深入的传接球球感和脚法的训练，球员的注意力就会过多地停留在球上，无法对周围形势进行全面观察，无法精准地传球，其结合球、分配球的合理性就得不到保证。不练好基本功，球员很难形成好的场上意识。

基本功不好的球员，就是场上的不稳定因素。其技术稳定性没有保证，会频繁出现失误，影响战术发挥，并导致失败。而且，球员处理球的方法不当，容易导致无谓的身体碰撞，进而受伤。所以，基本功不扎实的球员不适宜进行激烈的比赛。

本书前三章介绍个人训练的方法。最后一章介绍集体训练的内容，主要涉及“结合球”和“分配球”训练，是技术与意识的结合训练。

本书由浅入深地介绍了每项训练的目的和要点，有些训练项目还附有评测方法和要求。希望本书能帮助您对足球有更深入的了解，从而达到更高的训练水平。

目录 CONTENTS

第1章 初级颠球训练

1.1 初级颠球 10
1.2 错误示例 15
1.3 颠球三关 17
1.4 走颠 20
1.5 跑颠 23
1.6 常用部位颠球 26
1.7 颠小球 29
1.8 小过顶球 32
1.9 大腿连颠 35
1.10 单脚不落地颠球 38

第2章 中级颠球训练

2.1 颠球绕杆 44
2.2 边路颠球绕杆 47
2.3 颠球比赛 52

2.4 头部颠球 55
2.5 肩部颠球 59
2.6 胸部停球 62
2.7 背部停球 65
2.8 坐颠 68
2.9 听音乐颠球 71
2.10 对墙颠球 73

第3章 高级颠球训练

3.1 颠网球 76
3.2 大过顶 79
3.3 颠球捡盘 82
3.4 颠球投篮 85
3.5 12 个部位颠球 87
3.6 花式足球之地球环绕 91
3.7 花式足球之弹腿绕球 94
3.8 光脚颠球 97
3.9 连续颠球过顶 99
3.10 非惯用脚不落地连续颠球 101

第4章 游戏和集体训练

4.1 两人对颠 104
4.2 边路接高球 106
4.3 颠球接球 108
4.4 颠球推进 110
4.5 网式足球 111
4.6 乒乓足球 112
4.7 三人两球传递 113
4.8 颠球相互干扰 114
4.9 传跑空位 115
4.10 颠球遛猴 117

作者简介 119

第1章

初级颠球训练

1.1 初级颠球

手抛球颠法

手抛球颠法是球员用脚颠一下就用手接一次的颠球方法。手抛球颠法要求球员用正脚背（系鞋带的部位）尽量直上直下地踢球。熟悉以后，就可以连续颠球。青少年因为脚较小，可以采用“踢正步”的动作，注意将脚背绷直。

手抛球这个方法也适用于其他部位的颠球训练。脚弓、脚外侧、大腿、头、肩、胸等部位都可以这样训练。

这个方法的好处是球员不用跑来跑去，只需在原地训练，并且不会因频频失败产生太大的挫折感而放弃。这个方法还可以帮助球员逐渐掌握合适的触球力度，且触球频率高，适合初学者。

触球部位

第1章 初级颠球训练

第2章 中级颠球训练

第3章 高级颠球训练

第4章 游戏和集体训练

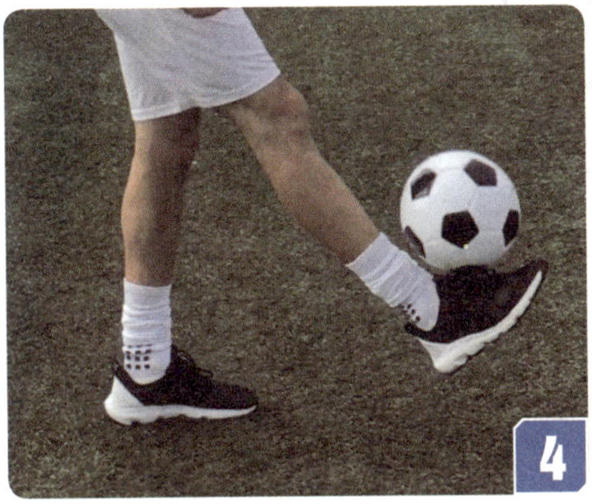

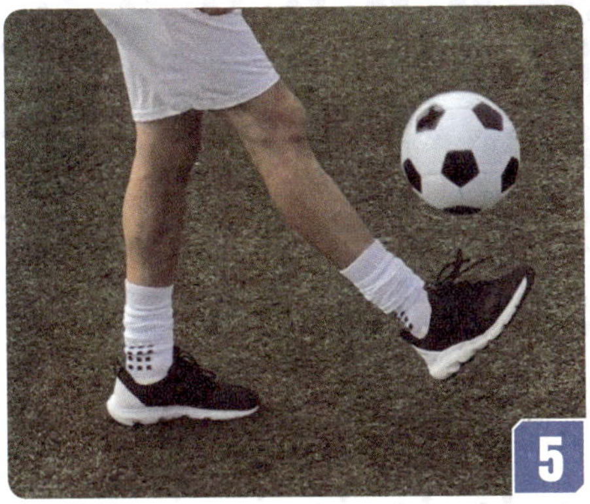

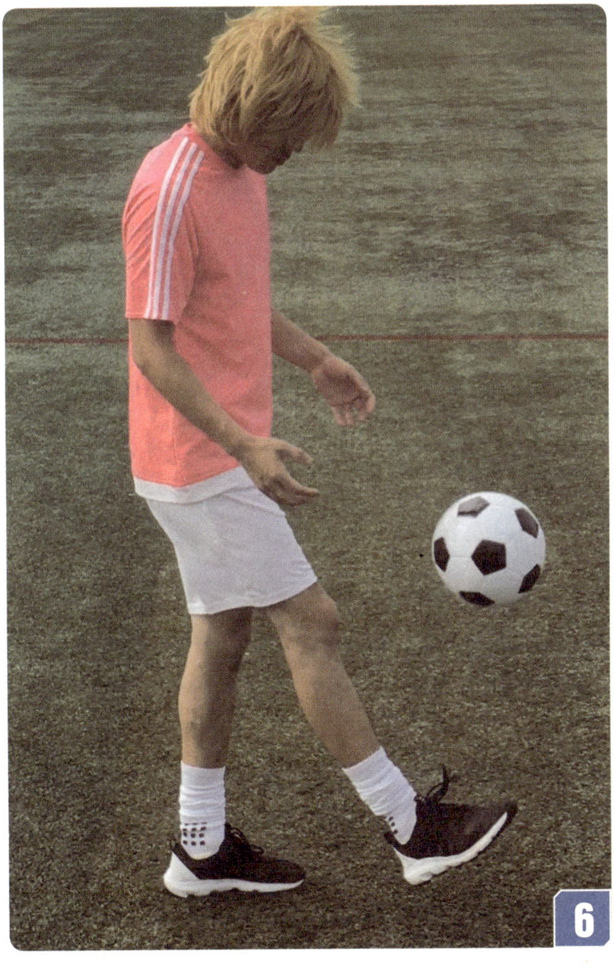

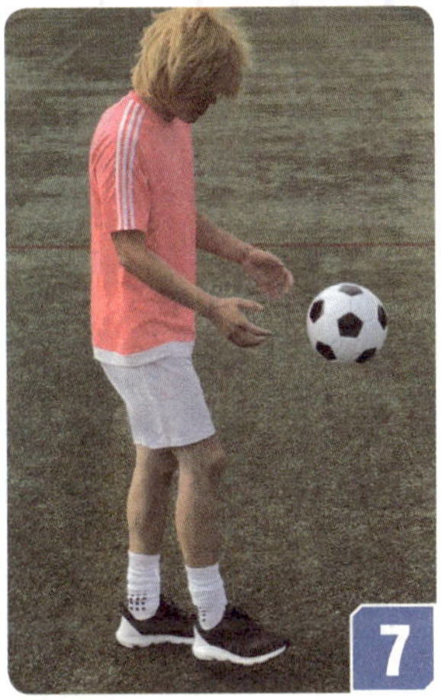

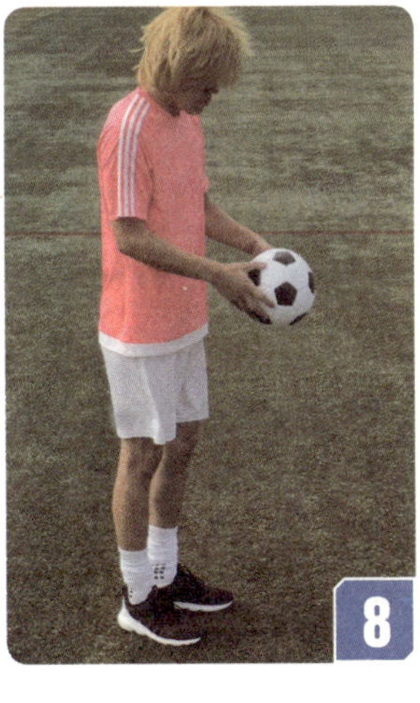

落地颠法

落地颠法是球员每颠一下球，就让球落地一次，当球落地再弹起后，继续颠球的颠球方法。这个方法可以帮助球员更好地了解球的弹性和落点的规律，对增强球员的球感有很大帮助，球员的步伐也会变得更加灵活。球员在熟练掌握这一方法以后，就可以尝试进行球不落地的连续颠球。

训练的过程，也是增强球员的球感、敏捷性、身体协调性的过程。

评测方法	评测要求		成绩表
用左、右脚交替连续颠球，球不落地（触球部位要规范）	29个及以下	不及格	
	30~49个	60分	
	50~99个	80分	
	100个及以上	100分	

4

5

6

7

8

教练体会

为什么足球启蒙训练要先进行颠球训练？为什么不是先进行带球训练？我们用两张图片来说明。下左图中，球在空中与视线齐平，球员可以看到正前方的情况，视野开阔。下右图中，球在地面上，球员的视线范围有很大的局限，因此，在启蒙训练阶段如果先练习带球，不利于增强球员的观察能力，而当球员把球颠得很熟练之后，他的视线会不由自主地分散开来，观察能力也会增强。同时，当球员的球感不好时，练习带球也不会有好的效果。练习基础颠球，尤其是颠前100个球是最消耗时间和精力的。很多人会因为失败、受挫而放弃。但是，这是任何一个高水平球员都必须要迈过的一道坎。一旦球员迈过了这道坎，后面的训练就会变得较简单。初学者一般会先用惯用脚颠球，这是很正常的。当球员能用惯用脚熟练颠球以后，再用非惯用脚训练即可慢慢地找到颠球的感觉。

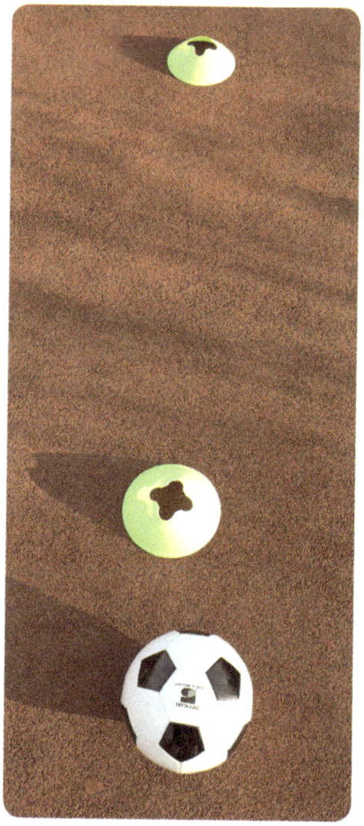

训练日期（年/月/日）	时长（小时）	训练总结（失误原因，如何调整）

1.2 错误示例

错误示例 1

球员颠球的部位太靠近脚尖，不利于找到正确的触球部位，不利于进行某些高难度的训练。

球员低头颠球，不利于对周围形势进行观察。尤其是在青少年阶段的训练中，球员的身高不高，因此，在颠球训练中更应强调不要低头颠球，从而打开视野。

错误示例 2

颠球时膝盖过度弯曲或上抬，动作紧张、不协调，不利于身体的放松。

注：这些动作也不能说是完全错误的，只是球员在初级训练阶段应尽量避免。

教练体会

为了避免球员出现上述错误，在启蒙阶段，教练或家长就应该以“手把手”的方法与小球员进行对颠练习。在练习时，教练或家长与小球员保持2米左右的距离，用手抛球的方法把球颠到对方的手里。要求动作标准、放松，且触球部位准确。熟练后逐渐拉近距离，把球向上颠，但要控制好力度，进而逐渐找到正确的触球部位和方法。找到感觉后，小球员就可以自己尝试手抛球颠球或落地颠球。教练或家长要持续观察小球员的动作和触球部位，逐渐纠正其存在的问题。同时，小球员自己也要进行纠正和调节，逐步找到颠球的感觉。

低头颠球，视线
范围有限
脚尖触球
1

膝盖过度弯
曲或上抬
2

视线范围变大

正脚背触球

1.3 颠球三关

第一关：连续颠球达到30个。通过此关后，球员基本掌握了正确的触球部位和颠球要领，但是技术动作非常不稳定。

1

第二关：连续颠球达到100个。通过此关后，球员的技术相对稳定，但是身体不够放松，对球的掌握还不稳定，经常出现球被颠得歪歪扭扭的情况。

第三关：连续颠球超过1000个。球员在疲劳中逐渐学会放松，颠球时变得有节奏感。在反复训练的过程中，稳定性和球感得到了提升，为将来进行高难度训练打下了扎实的基础，充分呈现出“量变引起质变”的效果。

2

3

4

评测方法	评测要求		成绩表
用左、右脚交替连续颠球，球不落地（触球部位一定要规范）	299个及以下	不及格	
	300～499个	60分	
	500～999个	80分	
	1000个及以上	100分	

教练体会

我遇到过一个小球员，他当时是某地区专业梯队U13（13岁以下）的主力队员。在和他交流的过程中，他对我说，他的基础颠球数量能达到8000~9000个。这就意味着他能在大概一小时的时间内保证球不落地。这给了我很大的启发，让我不禁联想到了武术中的“站桩”。这就是最基本的，也是非常有用的基本功练习方法。正常情况下，我们颠几百个球就会很累，某些关节会很酸痛，而这位小球员能坚持这么长时间，这证明了他在体力消耗很大的情况下，动作没有发生变形，这使他能在高对抗、高强度的比赛中保证技术动作的稳定性。这样的基本功训练不仅可以增强技术动作的稳定性，也能训练球员的专注度，使球员能够在比赛中全神贯注、精力集中。

训练日期（年／月／日）	时长（小时）	训练总结（失误原因，如何调整）

1.4 走颠

走颠是球员用两只脚轮流颠球，同时往前走的颠球方法。走颠要求球员保持身体协调、放松，触球自然、准确、力度适中。球的运行轨迹应避免歪歪扭扭，尽量保持力度、触球部位一致。通过观察训练效果，教练可以衡量球员的水平。这项训练有助于增强球员在比赛中带球的球感，并增强球员掌握触球力度的能力（如果有“颠球过千”的基本功做保证，球员在练习走颠时会有更稳定、更流畅、更放松的感觉）。

评测方法	评测要求		成绩表
在间隔20米的两端摆放两个标志筒。颠球绕标志筒10圈，以球的落地次数确定成绩。若成绩相同，速度快的表现更好	落地3次及以上	不及格	
	落地2次	60分	
	落地1次	80分	
	落地0次	100分	

教练体会

我曾遇到过一些小球员，并让他们进行走颠训练。但由于他们在启蒙阶段是勾着脚尖颠球的，所以这项训练对他们来说很难。他们只能在原地颠球，无法边颠球边向前走。原因是他们用脚尖触球，一旦往前走，就会导致触球部位前移，球就会向后移动。在启蒙阶段没有接受规范训练的球员，其习惯后期很难被纠正。正常情况下，球员把脚背绷直，身体略向前倾，就能颠着球走动了。做好这项训练，对增强带球时的观察能力有很大帮助。

7

8

9

训练日期（年 / 月 / 日）	时长（小时）	训练总结（失误原因，如何调整）

1.5 跑颠

跑颠是球员用一只脚或两只脚交替颠球向前跑的颠球方法。跑颠要求球员保持身体协调、放松，脚背绷直，触球部位准确，球运行时的稳定性好，尽量不出现歪歪扭扭的现象。这项训练对球员在高速带球状态下的触球力度、球感等都有强化作用，对球员用正脚背接高空球也有很大帮助，还能提升人球结合性、身体协调性、动作敏捷性等。这项训练以“颠球过千”的基本功做保证才能有比较好的效果。

评测方法	评测要求		成绩表
在间隔20米的两端摆放两个标志筒。颠球绕两个标志筒10圈，以球的落地次数确定成绩。若成绩相同，速度快的表现更好	落地3次及以上	不及格	
	落地2次	60分	
	落地1次	80分	
	落地0次	100分	

教练体会

我认为跑颠、颠球绕杆、单腿不落地颠球是进行盘带球训练的3个前提条件。在比赛中，带球的球员往往前有“堵截”，后有“追兵”。如果仅仅是前有堵截是比较好处理的，球员可以先减速再想其他办法。但如果同时后有追兵，处理起来就比较难了。另外，这种情况很容易造成球员紧张，从而导致球员把球趟大而失去控球权。跑颠这项训练可以增强球员对球的控制能力，要求人与球之间始终保持紧密的联系。在对球的控制中，“离地球”难于“贴地球”，所以，如果球员能很好地控制“离地球”，在控制“贴地球”时就比较轻松了。跑颠也是增强体能的好方法。足球训练中曾经常用的无球跑动训练其实是错误的。虽然我们的短板是速度和体能，需要进行更多的跑动训练，但是进行过多的无球跑动训练会对控球能力的增强起反作用。因为无球跑动和有球跑动的发力方式是不一样的。无球跑动时，腿部力量完全释放，而有球跑动时，腿部力量必须有所收敛和控制。过多的无球跑动训练会让腿部肌肉变得僵硬，不利于球感的提升。同时，有球跑动的体力消耗明显大于无球跑动，也更符合比赛的实际需要（体力消耗越大，对球员控制球的能力的要求越高）。有球跑动训练对球员练习防守动作也有很大的帮助。因为球员在做防守动作时，不能一味地发力，而应该张弛有度、收放自如，以达到步伐灵活、随机应变的目标。

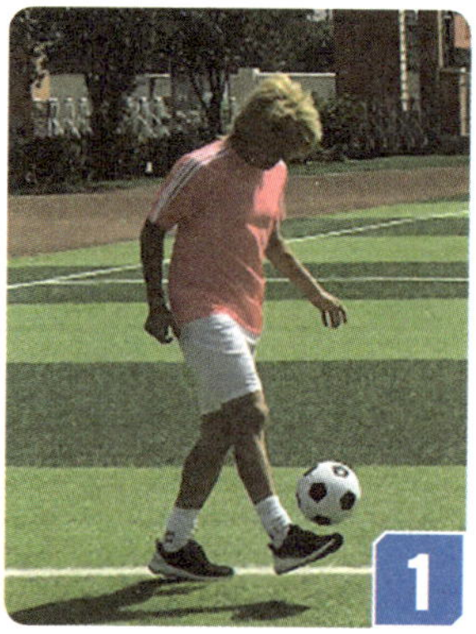
1

2

3

训练日期（年/月/日）	时长（小时）	训练总结（失误原因，如何调整）

1.6 常用部位颠球

正脚背、脚弓、大腿、脚外侧、胸等，是常用的传接球部位。

在正常的颠球训练过程中，球员可以用手抛球颠法刻意把球颠到这些部位，以训练这些部位的球感。这项训练对提升球员的身体协调性有很大的帮助，还能为接高空球做准备。球员可以按照事先安排的顺序颠球，这也对增强球感和身体协调性有很大帮助。

1

2

小窍门

用稳定的部位帮助不稳定的部位过渡；非惯用脚不稳，用惯用脚调整；脚外侧不稳，用大腿或者脚弓调整。

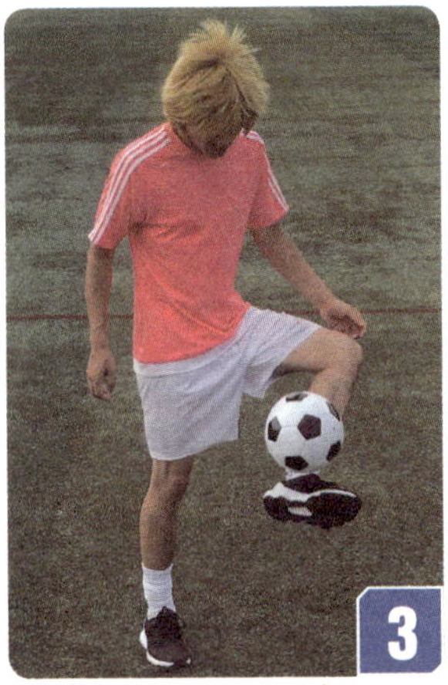
3

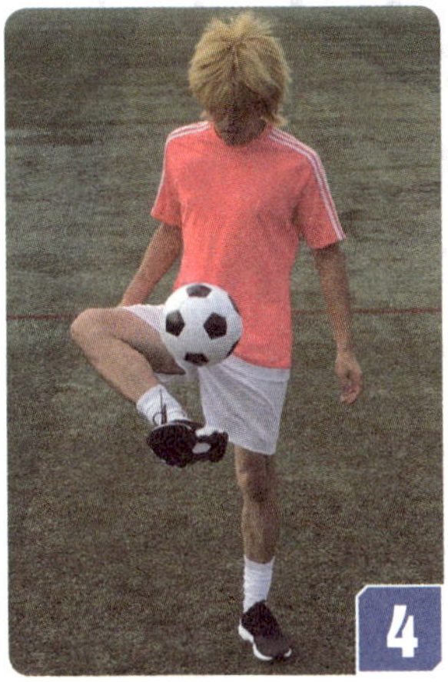
4

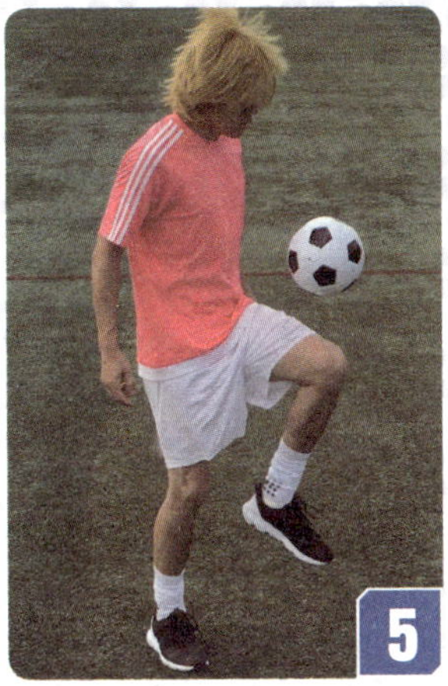
5

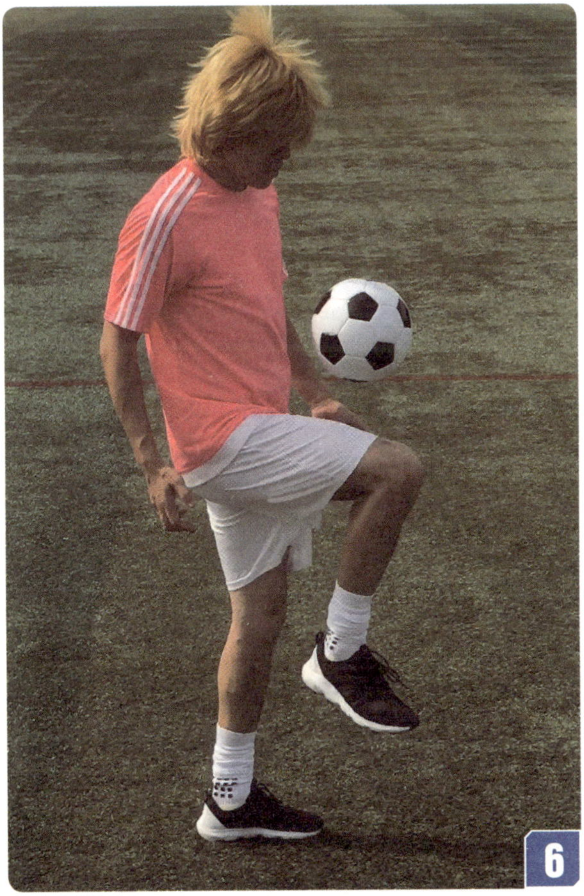
6

第1章 初级颠球训练
第2章 中级颠球训练
第3章 高级颠球训练
第4章 游戏和集体训练

教练体会

在初级的基础颠球训练中，球员会出现把球颠歪了就用身体其他部位去调整的情况，所以，球员在训练中也要开发身体其他部位的触球准确性，尤其是常用的部位。做好脚弓颠球，对传球有很大帮助。我发现在训练中，有些小球员在传地面球时，球在侧向旋转，或是在平地上传球时，球出现颠簸的情况，这些都是脚弓触球部位不准造成的。我们训练运用柔和的力量是为了克服球的弹性，把球接好；我们训练运用强硬的力量是为了利用球的弹性，把球传好。但我们进行这些练习的前提是找准身体触球的部位和球的中心点，在后面介绍的颠小球、颠网球训练中，我们会对这些内容有更深入的体会。

训练日期（年 / 月 / 日）	时长（小时）	训练总结（失误原因，如何调整）

1.7 颠小球

球员可以用一号球或二号球（直径为10~15厘米）进行颠小球训练，这项训练有助于提高控球的稳定性。因为颠小球时，触球面积小，而颠大球时，触球面积更大，球员会有更稳定的表现。

球员在刚开始用小球训练时，会遇到和其他初级颠球训练一样的问题——失误率高。所以，球员一定要有一颗不服输的心，勇敢尝试。球员只要找准触球中心点，就可以进行稳定的连续颠球了。

经验：当连续颠小球超过100个以后，再颠大球，颠球个数就有可能轻松达到1000个。用小球进行其他高难度的颠球训练，会有更好的效果。

相较于大球，小球更不好控制。颠小球练习要求触球部位精准，触球力度柔和，这对比赛非常有帮助。因为在比赛中，会有很多因素导致球员不能稳定控球，如疲劳、轻微伤痛、天气、场地、高压逼抢等。所以，球员只有使触球部位更精确，触球力度更柔和，才能减少技术失误。这也说明，在训练中，一定要适当增大难度和强度，球员才能更好地适应比赛，才能为比赛中的技战术发挥打下扎实的基础。

因为小球球速快，所以进行颠小球练习可增强球员动作的敏捷性。

能否适应难度逐渐增大的基础训练，是考察球员是否真正具有“天赋”的重要依据。而在训练过程中，球员的训练态度起着决定性的作用。

评测方法	评测要求		成绩表
左、右脚交替颠球100个（用一号球或二号球），以球的落地次数确定成绩	落地1次及以上	不及格	
	落地0次	100分	

教练体会

我自己训练的体会是，用小球进行训练后，球感就上了一个台阶，后来用网球进行训练，球感又上了一个台阶。随着科技的发展和材料的更新，球的弹性和速度会越来越不好控制。所以，只有让训练更具难度，球员才能更好地适应新的变化。同时，小球便于携带，球员能随时随地进行训练，也可以用小球代替大球进行更有难度的训练。

训练日期（年／月／日）	时长（小时）	训练总结（失误原因，如何调整）

1.8 小过顶球

球员进行小过顶球训练时，用正脚背、脚弓等部位，把球颠至超过头顶3~5米的高度，高过球门横梁也可。在球下落的过程中，球员要找准球的落点，用正脚背、脚弓、大腿、胸等部位接球。训练时要求球不落地，球员的接球力度柔和，用大腿接球后，球的反弹高度不超过肩的高度；不要求连续颠过顶球，只需要把球接好，颠几下，调整好后再颠过顶球。

这项训练能增强球员处理高空球的能力，对球员的脚法训练也有帮助。

1

2

3

4

5

评测方法	评测要求		成绩表
20次过顶球（将球颠过头顶，用正脚背、脚弓、大腿、胸等部位接球），以球的落地次数确定成绩	落地1次及以上	不及格	
	落地0次	100分	

教练体会

这是一种很好的“自传自接”的训练方法。用正脚背向上颠，有利于球员用正脚背射门时找准部位。用脚弓向上颠，有利于提高球员用脚弓传地面球的准确性。训练中要求球员接球的高度不能过肩，是因为在比赛中接球时一旦球反弹得很高，那么在下落过程中必然会浪费一些时间，哪怕只有1~2秒。这时，防守球员就可能利用这短短的时间，多跑出几米甚至十几米冲到你面前来抢球，这会导致后面的技战术无法顺利实施。若能熟练掌握该训练的要领，球员停地面球或长传球就会变得比较容易，在找球的落点时也会比较从容。有些教练推崇打地面时就只练地面球，这是错误的观点。打地面不难，难的是把不好接的球接好后再打地面。因此，接好有难度的球也是非常重要的。同样，我们可以换位思考，如果对方不打地面、打高空球怎么办？

在启蒙阶段，进行过多的带球训练和地面球传递，会导致球员总是在触球时看着自己的脚，用眼睛“控制”自己的脚去接球。如果形成这样的习惯，球员会在每次接球时都先低头看，这样不利于传递配合的顺利进行，也会导致球员对场上形势的观察不够充分。球员接受这样的训练越多，掌握得越熟练，就越容易养成不良习惯。在启蒙阶段，练习接高球是非常重要的，这可以让球员的视线与肢体分开，球员在抬头观察来球的时候，脚会自己去找球，而不是被眼睛控制。

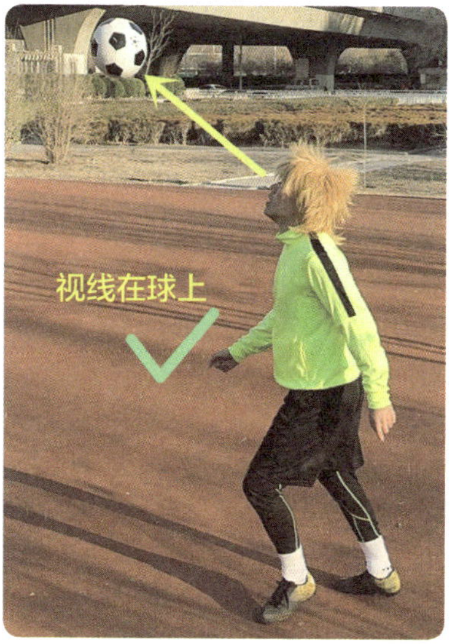

训练日期（年/月/日）	时长（小时）	训练总结（失误原因，如何调整）

1.9 大腿连颠

大腿连颠类似于高抬腿训练。这种训练方法既能提升球员的球感，也能锻炼球员的腿部肌肉，有助于球员在奔跑时发力。球员在进行大腿连颠训练时，可以在小腿下部绑沙袋进行负重训练，或在沙地上训练，增大训练强度。每组累计颠球200~300个，每次完成3~5组，是“结合球”训练体能的好方法。

1

评测方法	评测要求		成绩表
左、右大腿交替连颠50个，以球的落地次数确定成绩	落地3次及以上	不及格	
	落地2次	60分	
	落地1次	80分	
	落地0次	100分	

教练体会

球员在进行大腿连颠训练时，采用累计的方法，但应尽量不让球落地。当球员体力下降的时候，失误率就会上升。为了减少失误，要求球员动作标准，大腿端平，身体随着球的移动而做出相应的调整。球员采用这种方式进行训练的动作比无球练习高抬腿动作更标准，同时，这种训练方式对腿部肌群也有很强的刺激和锻炼作用。球员在适应以后，可逐步加大训练量，以提高体能和速度。有的小球员在参加足球训练之余还会参加跆拳道训练，经过这项训练，小球员会感受到自己在跆拳道训练里的出腿动作都变快了。这也说明这项训练可以提高球员的绝对速度、相对速度并增强其动作的敏捷性。

训练日期 （年 / 月 / 日）	时长 （小时）	训练总结 （失误原因，如何调整）

1.10 单脚不落地颠球

球员进行单脚不落地颠球时，重心应放在支撑腿上。球员用惯用脚连续不落地颠球，整个身体协调配合，支撑腿随着身体移动做出调整，触球部位要准确，触球力度要适中。

这项训练有利于球员在盘带中加强对身体重心的控制，有利于球员在使用假动作等技术并且重心晃动的同时，加强惯用脚对球的控制，使球一直处在身体重心的控制范围内，增强人球结合性。

球员在熟练、稳定以后，可以让球停在正脚背上，使脚根据球的重

1

2

心做调整而不让球落地；也可以把球颠过头顶，随着球的下落，试着用正脚背让球停在脚上。

熟练掌握这项训练内容后，球员在接高空球、地面球时会有非常明显的缓冲感，触球时的感觉也会很柔和。

球员在颠球比赛中也可以采用这个方法。

3

4

5

6

评测方法	评测要求		成绩表
单脚不落地颠球50个，以球的落地次数确定成绩	落地2次及以上	不及格	
	落地1次	60分	
	落地0次	100分	

教练体会

我讲一个训练的亲身经历。在我小时候，电视台的体育频道播放过一个叫《跟我踢》的节目，现在在网上也能看到这个节目的视频，节目内容主要是足坛名宿沈祥福和刘利福两位教练教小球员带球。看的时候，我也会很认真地模仿，但总是不得要领，感觉身体不协调，动作不自然。一次，一个比我大几岁的踢球踢得很好的大孩子对我说，如果我能练会“地球环绕”动作（后文会讲到这个动作），他就拜我为师。我听完这番话就说，好，我练练试试。这个动作首先要求球员能够单脚不落地颠球，在支撑脚站稳的同时，控球腿要有很柔和的感觉。经过反复尝试，我慢慢地练会了。我发现练会“地球环绕”这个动作对我带球和停球都有很大帮助，尤其是支撑脚的发力和控球脚的触球感都更好了，这增强了我对控球的信心，动作变得协调、自然，再练习盘带就轻松多了。如今，我带小球员训练时又发现了这个问题。没有经过这项训练的球员，其支撑脚不会发力，动作僵硬、杂乱、无规律，身体不协调、重心转换也不自然，触球力度忽大忽小。而经过这项训练的球员，在练习盘带动作时，身体协调，触球力度适当，重心转换自然，变向灵活。所以这段经历也给了我很大的启发。球员在训练中表现不好，不能简单地认为他就是不行，而很有可能是某项训练的缺失使他无法取得好的训练效果。这也说明训练必须按部就班，脚踏实地，不能急于求成。而一旦球员采用错误的发力方式形成肌肉记忆，之后就会很难纠正错误。把某些不理想的技术动作过程录成视频，让球员自己观察、自己去调整，也是一个非常好的方法。

训练日期（年 / 月 / 日）	时长（小时）	训练总结（失误原因，如何调整）

第2章

中级颠球训练

2.1 颠球绕杆

此项训练是考验球员基本功的重要内容。

颠球绕杆是指球员左、右脚交替颠球绕着标志杆走。颠球绕杆要求球员球不落地，球员保持身体放松，控球自如、流畅。

教练可以通过观察球员动作的协调性、熟练程度、稳定性来衡量其技术水平。这项训练需要球员有“颠球过干”的功底。

这项训练是普通训练——“带球绕杆”的升级版，与“带球绕杆”相比，难度更大，且对球感的要求更高。球员熟练掌握这项训练内容后，就要加快速度，这对球员控球、盘带技术的进步有很大帮助。

评测方法	评测要求		成绩表
在20米距离内平均摆放10根标志杆。颠球绕10趟，以球的落地次数确定成绩。若成绩相同，速度快的表现更好	落地3次及以上	不及格	
	落地2次	60分	
	落地1次	80分	
	落地0次	100分	

教练体会

颠球绕杆训练需要球员有非常扎实的功底。普通的地面球绕杆可以速成，而颠球绕杆无法速成。有些小球员认为自己的颠球、控球能力都不错，但做这项训练时，很难达到理想状态。这说明简单的颠球训练难以实现让球更“听话”的效果。只有经过种类更丰富、难度更大的训练，才能实现“人球合一”。球员在掌握这项训练内容后，挑球过人也会变得更从容。

训练日期（年/月/日）	时长（小时）	训练总结（失误原因，如何调整）

2.2 边路颠球绕杆

边路颠球绕杆要求球员控球稳定、动作熟练、身体放松，把球稳稳地控制在界内。

边路颠球绕杆是球员为了适应边路，掌握在边路控球的技术而进行的训练。这项训练可以让球员逐渐克服对边路的恐惧，从而很从容地在边路执行技战术。这项训练也需要球员有“颠球过千”的功底。

这项训练的难度较大。球员在熟练掌握以后，可以根据足球竞赛规则——球不整体出线就不算出界，利用“边界线”做出很多技术动作。

1

2

3

4

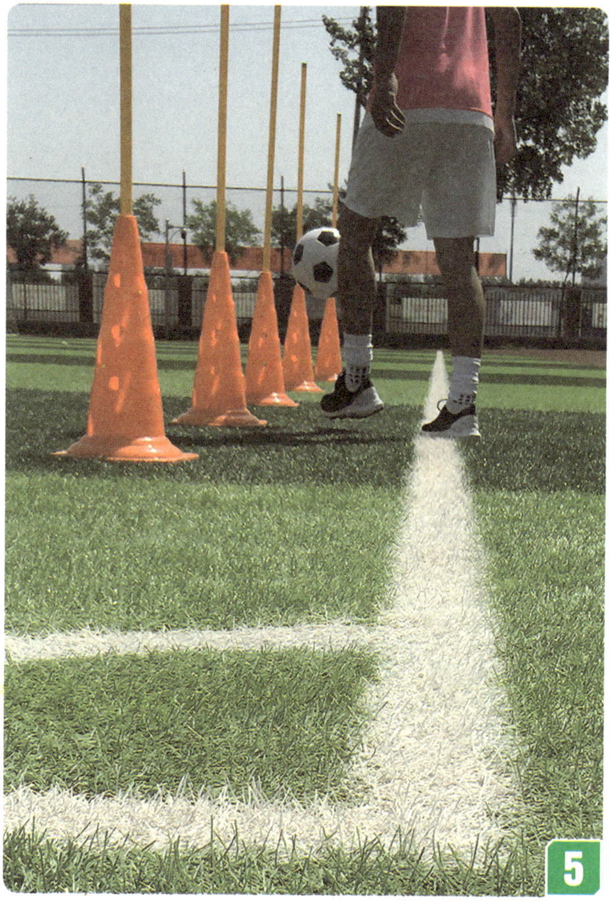
5

6

7

8

9

10

11

13

12

评测方法	评测要求		成绩表
在20米距离内平均摆放10根标志杆。颠球绕所有标志杆来回10趟，以球的落地次数确定成绩。球不能出界。若成绩相同，速度快的表现更好	落地3次及以上	不及格	
	落地2次	60分	
	落地1次	80分	
	落地0次	100分	

教练体会

在分队训练的对抗和比赛中，反复强调的边路拉开战术往往总是无法有效实施，小球员慢慢地又会扎堆儿，跑到场地中间。这往往是技术不过硬造成的。他们对边路有恐惧感，球感不好，生怕不小心把球碰出界，所以会出现不敢站在边路的情况。边路拿球，对防守方有牵扯作用，能使对方的防线变宽，进而暴露出防守空当。边路突破也十分重要，尤其是在对方禁区，底线的突破更是极具威胁。所以当球员熟练地掌握这项训练内容后，其技术会更有保障，进攻手段会更丰富，战术也能更好地实施。

训练日期（年/月/日）	时长（小时）	训练总结（失误原因，如何调整）

2.3 颠球比赛

颠球比赛即在规定时间（一般是1分钟）内比赛颠球，颠球数量多者获胜。通常，比赛会指定触球部位，一般是正脚背。

在颠球比赛中，通常有两种颠法：一是单脚连续颠，二是两只脚交替颠。无论球员采用哪种方法，首先要做到的是减少失误，其次要控制好球的高度。球颠起的高度越低，越节省时间，越能增加颠球数量。

颠球比赛是一项非常好的训练。在紧张的比赛状态中，球员要集中精力，正确运用技术。球员通过参加颠球比赛适应这种紧张状态，可以增强自己适应正式足球比赛的能力。球员在比赛中需要保持虽然紧张但不慌张的状态，还要保证技术动作的稳定性。

球员的球感和专注度可以在这样的训练中逐步得到提升。

1

2

评测方法	评测要求		成绩表
1分钟颠球，比谁颠球的数量多。落地1次，颠球数量就减去10个	79个及以下	不及格	
	80~99个	60分	
	100~119个	80分	
	120个及以上	100分	

教练体会

开展足球训练的小学，每年都会派一些小球员参加教育局组织的颠球比赛，目的是让小球员有意识地提高自己的技术水平，而不要仅仅通过正式比赛的成绩来衡量技术水平。尤其是在青少年阶段，培养兴趣和打好基础是最重要的。这也有助于足球文化的普及和发展。根据青少年“模仿能力强，抽象思维能力较差”的特点，开展一些非对抗性的技巧比赛是非常有必要的。当每个小球员的技术水平都有了很大的提高时，足球运动的整体水平就会相应提高。

训练日期（年 / 月 / 日）	时长（小时）	训练总结（失误原因，如何调整）

2.4 头部颠球

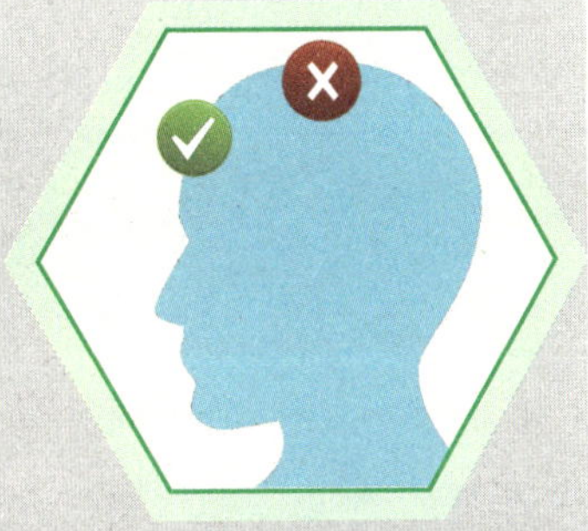

触球部位

球员在进行头部颠球的初级训练时，先往高处（1~2米的高度）颠球，用膝盖带动身体发力，在球下落的过程中，移动身体找准球的落点，用前额连续颠球。

球员在熟练以后，就可以将球颠得低一点，用腰部控制平衡，找准球的落点。

经过反复练习，球员能逐渐找准球的落点，就可以像“海豹顶球”一样把球顶在头上。

这项训练要求球员学会控制自己的身体去找球，逐渐增强判断球的落点的能力和身体协调性。

注意 初学者一定要找准触球部位，用前额触球。尤其是青少年，在头部、颈部骨骼肌肉发育不完善的情况下，不适宜做剧烈的头顶球动作。初学者只需要练习头部颠球，找准触球部位，练好身体平衡性、协调性、发力感觉。

1

2

3

4

5

6

评测方法	评测要求		成绩表
头部颠球50个，以球的落地次数确定成绩	落地3次及以上	不及格	
	落地2次	60分	
	落地1次	80分	
	落地0次	100分	

教练体会

有些关于足球运动员孙兴慜的父亲对他培养的介绍，说他在16岁之前都没有参加过正式的比赛，而只是练习基本功，这样做也有一定的道理。首先，孙兴慜的目标是做职业球员，进入职业俱乐部，这就需要把宝贵的时间用在自我能力的增强上，把基本功练扎实了，才会有更高水平的教练对他进行指导。其次，在青少年阶段，球员的生长发育都不成熟，力量也相对不足，骨骼很脆弱，很容易因为技术动作不规范而发生身体碰撞导致受伤。万一受伤严重，很可能就直接断送了球员的足球生涯。而且，队友的水平也会对自己产生影响，队友不合理的分配球动作会对自己造成无谓的伤害。同时，在参加正规的比赛时，球员要做到知己知彼，才能百战不殆，而在青少年的比赛中，球员相互之间了解得并不多，对方球员中是否有身体条件好的、拼抢凶狠的，这些信息都无从知晓，所以参加这类比赛没有太大的必要。而且这类比赛没有基本的衡量标准，没有要求球员必须达到什么样的技术水平才能参加比赛，没有严格的准入标准，球员水平参差不齐，所以比赛质量不高。

训练日期 （年 / 月 / 日）	时长 （小时）	训练总结 （失误原因，如何调整）

2.5 肩部颠球

球员在进行肩部颠球的初级训练时，可以用手抛球的方法训练，以腰部为轴心，左右扭动，用肩膀找球的落点。

球员可以按照左肩、右肩的顺序颠球，也可以结合头部，按照左肩、头部、右肩的顺序连续颠球。这项训练对球员增强身体协调性、球感，以及判断落点的能力都有很大的帮助。

球员熟练掌握这项训练内容后，再与初级训练中的“常用部位颠球”结合，就可以进行高级训练中的“12个部位颠球”。

1

评测方法	评测要求		成绩表
以“左肩、头部、右肩”或者“左肩、右肩”的顺序为一组。完成的组数越多，成绩越好	1～2组	不及格	
	3～4组	60分	
	5组及以上	100分	

教练体会

教练可以鼓励小球员进行上述训练，用身体各部位颠球能增强球员的身体协调性和灵活性。这些部位虽然不常用，但一旦在比赛中运用出来，会非常出人意料，令对手难以防范，这也是球员提高个人价值的好办法。我们进行这些训练都是为了丰富球员的技术储备和增强球员的运动能力。

训练日期 （年 / 月 / 日）	时长 （小时）	训练总结 （失误原因，如何调整）

2.6 胸部停球

球员在进行胸部停球的初级训练时，可以先用手把球放在胸部肌肉与锁骨构成的平面上，挺腰后仰。找到感觉后，球员可以用手抛球的方式，用胸部停球。随着球的下落，球员用身体来缓冲来球的力量，把球停在胸部。在熟练掌握上述内容以后，球员可以用脚把球颠过头顶，然后用胸部停球。

胸部停球是接长传球常用的动作，要求球员用身体来缓冲来球力量，尽量让球接近自己，以便更好地控制球。

这项训练能够增强球员的上身协调性，让整个躯干都有很好的球感和柔韧性。没有经过这项训练的球员，其上身或多或少会有一些不协调的感觉，在处理高空球时会明显表现得动作生硬。

4

5

6

教练体会

我认为，胸部停球动作如果练不好，球员就不能去参加正式的比赛。因为在正式比赛中，长传球很有可能需要球员用上半身去接。和用身体其他部位接球一样，用上半身也要以缓冲的力量去接球，否则长传球的惯性和球本身的弹性会使球离身体很远而不好控制。而此时如果有对方球员上抢，双方就有可能发生身体接触。任何一方如果为了抢先一步碰到球，都有可能加速上抢，也有可能使用倒地铲球这种危险动作，从而造成伤害。这也说明很多无谓的身体接触和损伤，是球员自身的技术不完善造成的。因为这些问题受伤而放弃足球生涯的情况，在青少年球员中并不少见。球员若能熟练掌握该项训练内容，尤其是边路的球员，在接斜长传转移的球时，就可以站在边路接球，而且高球、低球都能接好，其可控的范围就变大了，有利于战术的实施。在防守密集区域，高质量的胸部停球能使技战术顺利实施。

训练日期（年 / 月 / 日）	时长（小时）	训练总结（失误原因，如何调整）

2.7 背部停球

球员进行背部停球的初级训练时，身体前倾，先把球放在后脑勺和两边肩胛骨组成的三角区域。找好位置后，球员用手抛球的方法，把球往头部正前方抛起，在球下落至接近头部的时候，使头部和身体重心顺势下降，以缓冲来球力量，让球稳稳地停在三角区域。

这项训练能让球员判断球的下落速度的能力有所增强，对提升球员的身体协调性也有很大的帮助。

1

2

3

4

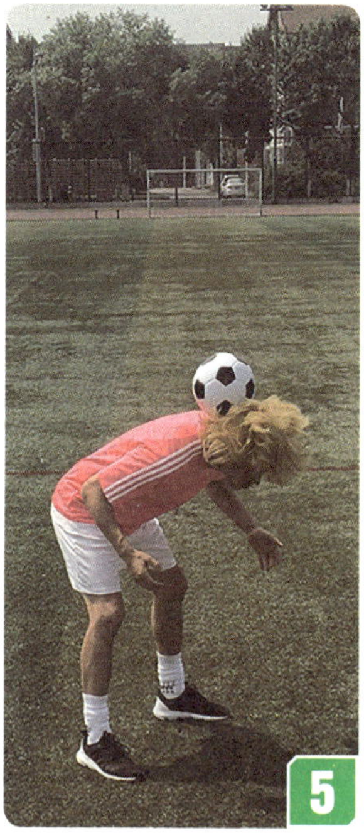

5

教练体会

背部也可以用于传球和接球。足球运动员罗纳尔迪尼奥有一次在比赛中就用背部和队友做了一个撞墙配合，队友射门得分。足球运动员克里斯蒂亚诺·罗纳尔多也有在无法及时转身的情况下，用背部接球继而发动进攻的情形。这些案例给了我们很大的启发：一些非常规动作，往往可以在实战中起很大的作用。球员用身体某些部位一反常规地处理来球，尤其是在防守密度大的区域或对方禁区附近，这些动作会显得非常突然，令对手措手不及，防不胜防。

2.8 坐颠

这项训练可以用来检验球员正脚背颠球的部位是否正确，对球员的触球力度控制、肢体控制也有很大的帮助。球员以这种方式多次颠球，可以训练腰腹力量，也有助于增强用脚接身前高空球的能力。

评测方法	评测要求		成绩表
坐颠100个。以球的落地次数确定成绩	落地3次及以上	不及格	
	落地2次	60分	
	落地1次	80分	
	落地0次	100分	

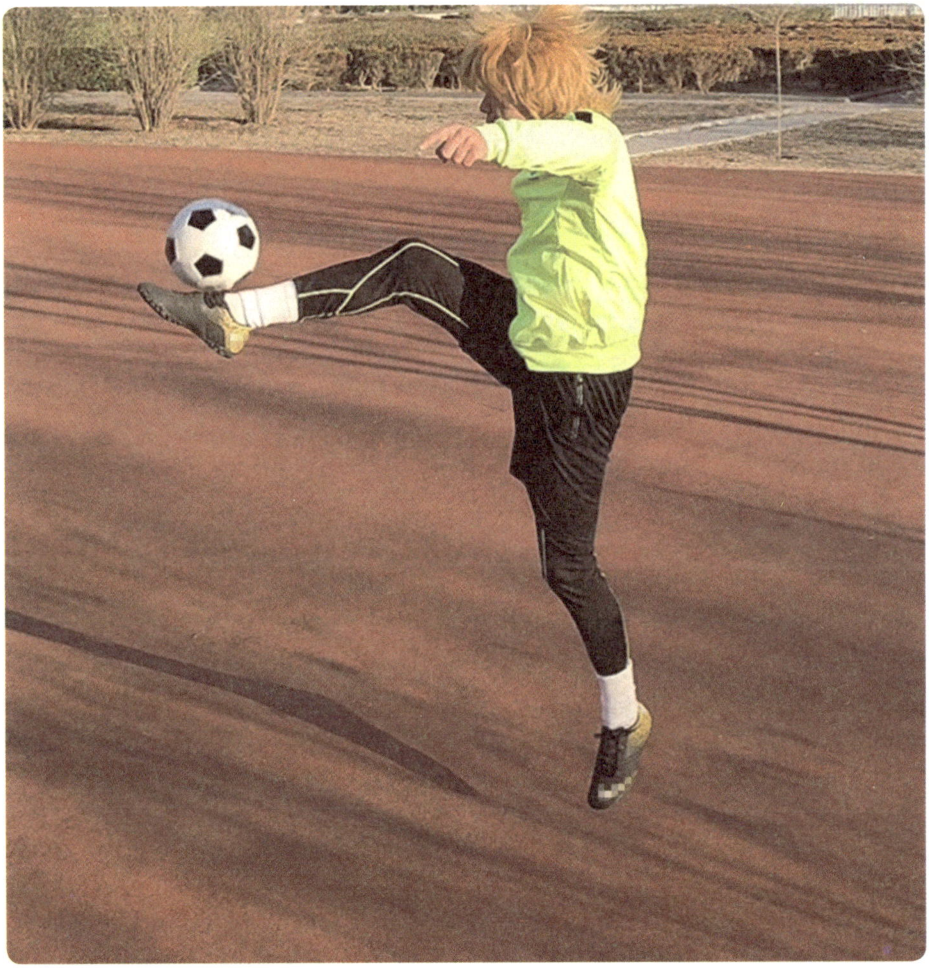

教练体会

坐颠这项训练让我对足球有了新的认识。我联想到了一些失去双臂的人，他们可以用脚夹着筷子吃饭，可以用脚夹着笔写字，更有甚者可以用脚弹奏钢琴。他们完全把脚当作手来用，那在足球运动中，球员是不是也可以把脚当作手来用呢？当我在训练中对球员的分配球技术感到不满意的时候，我提出了一个问题：如果让你们把足球抱起来，像传递篮球一样传递足球，你们能行吗？经过尝试，球员们都做到了，他们知道如何合理地分配球，知道谁的位置恰当就把球传给谁，也知道主动跑位接应要球。那么另一个问题就来了：为什么球员用脚就不能做到这样？这是因为球员用脚接球、传球时不像用手一样稳、准，思维模式也没有转变。当我们惊叹于高水平球队的流畅配合时，我们可以设想他们用手传递，恐怕也就是这个效果了。这说明随着技术水平的提高，球员会改变处理球的方式和思维方式，也说明当球员的“结合球”水平不高的时候，过多地强调“分配球”的合理性问题是徒劳的。当球员的技术水平逐渐提高时，其意识水平也会相应提高。

训练日期（年 / 月 / 日）	时长（小时）	训练总结（失误原因，如何调整）

2.9 听音乐颠球

听音乐颠球即球员根据音乐的节奏调整颠球的高度、动作的速度。听音乐颠球要求球员放松身体，有节奏感，其目的是训练球员在精神放松的状态下对球的稳定控制能力，要求专注且不慌张。

边听音乐边训练，可以让训练变得不那么枯燥，给球员带来一种享受，并让球员乐在其中。基础训练可以在愉悦的气氛下进行，以激发球员的兴趣和热情。在基础训练中，教练不要给球员太大的精神压力，重要的是使球员提升技术含量且能保持因训练量的积累而形成的动作稳定、放松的状态。

世界上有很多足球运动员都十分热爱音乐。他们的动作几乎都是有节奏、有韵律的，并且散发出迷人的魅力，他们的动作也因此备受推崇。

教练体会

每一项运动都有它独特的魅力。每一项运动都会表现出它特有的美感，足球运动也一样，这也是它吸引我们投入其中的原因。我们现在提倡青少年的美育教育，也是教育小球员要做有内涵、有艺术气质的人。因此，给小球员创造一个愉悦的训练氛围是很有意义、也很有必要的，这可以让他们享受足球带来的快乐。关键是，在保持愉悦的训练氛围的同时，要坚持严格的技术标准。

2.10 对墙颠球

球员对墙颠球时，应与墙保持适当的距离，把球往墙上颠，控制好高度，接好反弹球。对墙颠球要求球不落地，这与“两人对颠”的要求相同。这项训练有利于提高球员传球的准确性和增强球员控制力度的能力。球员可以用脚、头部等身体部位进行训练。熟练掌握该项训练内容可以增强球员对球速和落点的预判能力，还可以增强球员的步伐灵活性、身体协调性。

随着球员对墙颠球技术水平的逐渐提高，球员与墙的距离可以逐渐增大，以增大难度。

球员可以对墙练习传球、射门、地面球、高空球等技术，球员的发力方法、触球部位会在反复训练中得到逐步完善。球员也可以尝试用正脚背、脚弓、脚外侧等不同的部位；当球反弹到非习惯脚一侧时，也可以用非习惯脚练习。由于球反弹回来的高度、角度、力度都不一样，球员对墙颠球还能练习停球技巧。如果球员直接踢出反弹回来的球，还能练习凌空抽射技术。对墙颠球训练能模仿可能在比赛中出现的各种来球，球员的触球频率高。球员可以每天每只脚进行50~100次传射，通过将传射训练与颠球训练结合，球员能逐渐掌握正确的触球部位和发力方法，同时提高精准度。

评测方法	评测要求		成绩表
对墙颠球100个。以球的落地次数确定成绩	落地3次及以上	不及格	
	落地2次	60分	
	落地1次	80分	
	落地0次	100分	

教练体会

真正的功底是“修炼”出来的，“修炼功底”的过程是自己不断修正、不断调整、不断巩固、不断强化而逐渐趋于理想状态的过程。常规的多人训练只是“演练”，很难练出真功夫。在训练的过程中，球员要思考，要感悟，要找窍门，还要把技术动作练稳定。训练的过程虽然艰苦，但球员要学会从中找到快乐。球感、脚法、盘带的训练，包括将来的身体训练，都是修炼的过程，能否保持积极的训练态度也决定了球员将来的水平和自身的价值。教练也应该清楚，什么样的训练是修炼，什么样的训练是演练，球员修炼到什么程度，才能参加演练。

虽然本书用了大量篇幅介绍颠球训练，但是在实际训练中，脚法的训练也非常重要，需要花大量的时间进行。尤其是在青少年阶段，脚法训练尤其重要，非惯用脚也要同时训练。当球员长传的距离变远了，他在比赛中就会有意识地向远处看，视野也就拓宽了。

训练日期（年/月/日）	时长（小时）	训练总结（失误原因，如何调整）

第3章

高级颠球训练

3.1 颠网球

网球较难控制。球员刚开始进行颠网球训练时，一定要做好思想准备。因为很容易失误，让人产生挫败感，所以球员要把自己当作零基础的初学者，抱着学习的心态训练。球员如果具有很扎实的颠大球、小球的功底，就能很快掌握颠网球的要领。软式网球比标准网球略大，相对好控制，球员可以先用软式网球进行颠球训练。

球员熟练掌握这项训练内容后，再颠大球，就会觉得大球的运动速度很慢，且运用“接高空球”等技术动作时，明显感觉更稳定，力度控制得更好，触球更精准。同时，球员的传球、射门脚法会得到完善，总能踢出“电梯球”——球的自转幅度小，在高速行进时受气流影响会产生不规则的抖动飘移现象，令守门员难以判断来球的方向。因为网球的运动速度快，不好控制，所以在训练的过程中，球员的动作敏捷性、身体协调性能得到很大的增强。

触球部位

1

2

评测方法	评测要求		成绩表
左、右脚交替连续颠网球100个。以球的落地次数确定成绩	落地3次及以上	不及格	
	落地2次	60分	
	落地1次	80分	
	落地0次	100分	

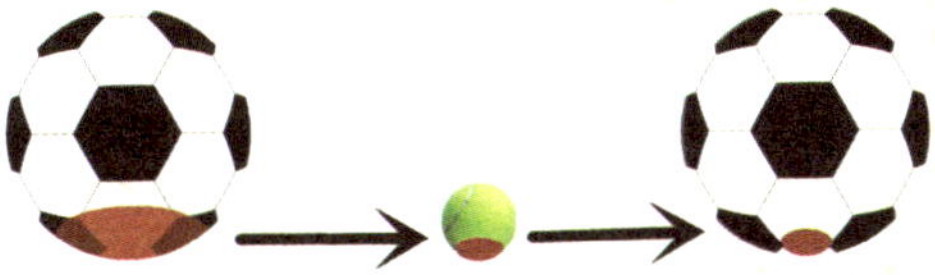

教练体会

能颠1个球就能颠100个球。如果球员控制不好触球部位和力度，就会出现失误。这项训练就是要帮助球员更精细地控制自己，减少失误。足球运动的一个重要技术指标就是失误率。球员只有在技术训练中学会控制失误率，在比赛中才能有意识地避免失误。在青少年时期，小球员的跑动速度相对慢一些，球感不足的问题还不是非常明显。一旦成年，随着力量逐渐增强，奔跑速度逐渐加快，对抗逐渐激烈，技术粗糙、球感不好的弱点会非常明显地暴露出来。所以球员一定要从小就把基本功练扎实。当球员能把网球控制得很好的时候，他会发现自己在比赛中的注意力更能从“球上”向“场上”转化，自己有更多精力观察场上的形势。此外，适当的奖励可以激发小球员的训练热情。我曾对一位小球员说，如果他能连续颠网球100个，我就奖励他。结果第二天，他的家长就发给我这位小球员完成颠球的视频，这令我十分惊讶。后来我们加入了一个颠球比赛的微信群，里面有家长发他家7岁的孩子颠网球的视频。这说明孩子的潜力不可低估。

训练日期（年/月/日）	时长（小时）	训练总结（失误原因，如何调整）

3.2 大过顶

大过顶是指球员把球踢至超过头顶大约10米或更高的位置，找准落点后，用正脚背或脚弓、大腿等部位接球。

球员用正脚背接球时，随着球的下落，以正脚背做缓冲，把球停在自己一步可控的范围内，以连接后续动作。用脚弓、大腿等部位接球时，要求球不落地，接球后球的反弹高度不过肩。

如果球员有颠小球、颠网球的功底，此项训练的效果会更好，因为球员对球速、落点、触球部位都有很好的判断，力度也会很柔和。

这项训练对球员在比赛中更好地处理高空球会有很大的帮助。

1

2

3

4

5

6

评测方法	评测要求		成绩表
20个大过顶球（将球踢过头顶大约10米，用正脚面、脚弓、大腿等部位接球），以球的落地次数确定成绩	落地1次及以上	不及格	
	落地0次	100分	

教练体会

地面球和普通长传球的运行速度会逐渐减慢。但在这项训练中，球从高处做自由落体运动，其运行速度会逐渐加快。球被踢得越高，下落就越快。所以这项训练的难度很大，很考验球员的视线转移能力。球员在熟练掌握这项训练内容后，对球的运行速度就会有更好的判断，也会有更好的球感，这时再处理一些普通的球就游刃有余了。球员用正脚背向上踢球对射门有帮助；用脚弓向上端对用脚弓传球有帮助；当球的落点出现偏差的时候，也对球员在移动中找准球的落点有帮助。

训练日期（年 / 月 / 日）	时长（小时）	训练总结（失误原因，如何调整）

3.3 颠球捡盘

颠球捡盘是指球员先把球踢到空中，再快速捡起地上的标志盘，然后把球接住，其间球不落地。

这项训练的关键是球员踢高球的脚法要稳定、精准，对落点的判断要迅速、准确。

这项训练对增强球员在球离开视线前后的观察力、判断力、身体平衡感、敏捷性都有很大的帮助，也能增大接高空球的训练难度。

1

2

3

4

5

评测方法	评测要求		成绩表
颠球捡盘10个。以球的落地次数确定成绩	落地1次及以上	不及格	
	落地0次	100分	

教练体会

我们在训练或比赛中总要求队员多观察，实质上就是要求球员能快速地把注意力从球上转移到场上，再转回到球上。所以这项训练就与多观察的要求不谋而合。球员无论是进攻还是防守，都需要多观察。这项训练也极大地考验了球员的视线从移动的球上到地上的标志盘上，再到移动的球上，眼睛瞬间的“对焦”能力。这项训练能使球员更好地适应视物中断后身体短暂失去平衡的瞬间，增强控制平衡的能力。那些高水平球员无一例外都是双目炯炯有神。眼睛是心灵的窗户，所以这样的球员踢球时大多有灵性、聪明、想法多、创造力强。这不是依靠优秀的教练和高强度的训练就能改变的，这也为我们选才提供了新的思路，值得深入研究和观察。

训练日期（年/月/日）	时长（小时）	训练总结（失误原因，如何调整）

3.4 颠球投篮

这项训练要求球尽量不落地。球员可以用正脚背、脚弓、大腿、头部等部位进行接球、投篮。球在碰到篮筐后，会有不规则的反弹，这对球员的基本功要求很高，可以让球员模拟处理比赛中不同的球。

以这项训练为基础的多人协同配合训练是高水平球队的一项必要训练，可以增强队员之间的协同配合能力。

在训练的过程中，教练应观察队员动作是否协调、稳定、敏捷、放松，从这些方面可以看出球员的水平。

教练可以组织一场比赛，以在规定时间内球员投进球的次数来决定胜负。

评测方法	评测要求		成绩表
规定用头、脚等身体部位，把球颠进篮筐。在5分钟时间内累计进球次数，每进一次得1分。要求计时过程中球不落地，落地一次扣一分	5分以下	不及格	
	5~9分	60分	
	10~15分	80分	
	15 分以上	100分	

教练体会

这项训练也是锻炼视线分离能力的好方法。球员在颠球的同时，迅速用视线瞄准篮筐的位置，然后把视线转移到球上，把球颠入篮筐。这符合比赛中球员在结合球的同时，要注意观察周围形势的要求，球员要学会一心多用。在比赛中，当对方的防守球员阻挡了本方的传球线路的时候，本方可以用端、挑过顶球的方法突破。所以这项训练对球员传递近距离过顶球的脚法和力度控制都有帮助，也能丰富球员处理球的方式，使其更具创造性。

训练日期（年 / 月 / 日）	时长（小时）	训练总结（失误原因，如何调整）

3.5 12个部位颠球

这项训练要求球员用身体的12个部位（左脚脚背、右脚脚背、左脚脚弓、右脚脚弓、左大腿、右大腿、左肩、右肩、头、胸、左脚外侧、右脚外侧）按照自己设定的顺序轮流颠球。各部位颠一次，为一组。颠球的组数越多，说明技术越好。这项训练对球员的球感、控球能力、身体协调性都会有很大程度的提高。

颠球部位的顺序可以由球员自己安排，可以“从下往上”“左右交替”，也可以先在一侧颠完几个部位，再换到另一侧。这项训练是非常具有难度和挑战性的。球员熟练掌握这项训练内容以后，可以尝试用其他更多身体部位颠球，以增加训练的乐趣。

1

2

3

10

11

12

小窍门

颠球不稳定的部位可以安排在两个颠球稳定的部位之间，用稳定的部位过渡，逐渐使各部位颠球都达到稳定水平。

评测方法	评测要求		成绩表
球员用12个部位各颠一次为一组动作	0~2组（不含2组）	不及格	
	2~3组（不含3组）	60分	
	3~5组（不含5组）	80分	
	5组及以上	100分	

教练体会

据了解，我国一位高水平球员的12个部位颠球成绩可以达到几十组之多，这说明当球员的功底达到一定水平的时候，他就会有优秀的表现，而当球员的功底没达到一定的水平时，其所表现出来的就是“停球劲太大，射门劲太小”。所以，如何把刚、柔两种力量状态练到极致，是球员在基础训练中要解决的首要问题。这项训练曾是球员进入高水平球队的必考项目。后来因为出现了一段足球低谷期，报名人数不足，这一项目也就不做要求了。

训练日期（年 / 月 / 日）	时长（小时）	训练总结（失误原因，如何调整）

3.6 花式足球之地球环绕

球员进行“地球环绕”训练需要有单脚不落地颠球的功底。

这项训练要求球员在颠球的瞬间提膝盖，并用同侧脚发力，让脚绕过球，再接起球，其间球不落地。在地球环绕的初级训练中，球员可以先让球停在正脚背上，再球从脚的一侧滚落，顺势提膝，绕过足球（从内、外侧绕过都可以）。

在训练的过程中，球员的腿部力量会逐渐变得柔和，球感和敏捷性也可以得到提升，球员对球的下落速度也能有更清楚的认识。

球员在做这个动作时，球不能离身体太远，必须处在可控范围内，这对增强人球结合性有很大的帮助，球员的球感也会更柔和。另外，这项训练对球员在比赛中的控球、盘带也能起很大作用。

4

5

6

7

8

教练体会

这项训练能增强球员动作的敏捷性和对肢体的控制能力。虽然我们讲明了训练方法，球员在尝试中依然要动脑筋找到属于自己的小窍门。我们在训练中提出了“技术储备”这个概念，指的是一些技术球员可以不用，但是不能不会，因为说不定这些技术在什么时候就会用到或起到一些辅助作用。高水平的球员也许就是把这些技术运用得更合理、更适时。所以，有些看似花哨的动作也有它的训练意义。球员掌握了这些动作，在盘带中做一些假动作的时候，就会更灵活、更熟练、更自然。

3.7 花式足球之弹腿绕球

弹腿绕球要求球员用一侧脚触球后，另一侧支撑腿发力，身体腾空，同时支撑腿做一个“弹腿”的动作，顺势从球上绕过，之后再把球颠起，整个动作过程中球不落地。

球员的身体重心部位在向上发力的时候，双脚已经离地，这对球感的要求很高，球员要克服身体重心向上的力，触球脚一定要轻柔，不能把球颠得太高，以免难以绕球。

这个动作对球员控球、盘带都非常有帮助。当球员开始带球时，其身体正处在爆发阶段，此时，触球脚的力度一定要柔和，这样才能控制好

1

2

3

球，否则很容易把球趟大而不好控制。球员在做这个动作时，球不能离身体太远，必须处在可控范围内，这对增强人球结合性有很大的帮助。有效的带球方法是球员的身体重心先动，然后把球带走。如果球员先把球趟出去，再去追，很容易被抢断而失去控球权。

很多花式足球的训练视频都是很好的练习球感和身体协调性的资源。我们应该鼓励小球员多做练习，但要注意一点，这些训练都是为了把“结合球”练好以后，为“分配球”服务的。所以，球员熟练掌握这些训练内容后，就需要尽量将视线与球分离，不能因为注意力过于集中于球上，而妨碍了观察场上局势。

4

5

6

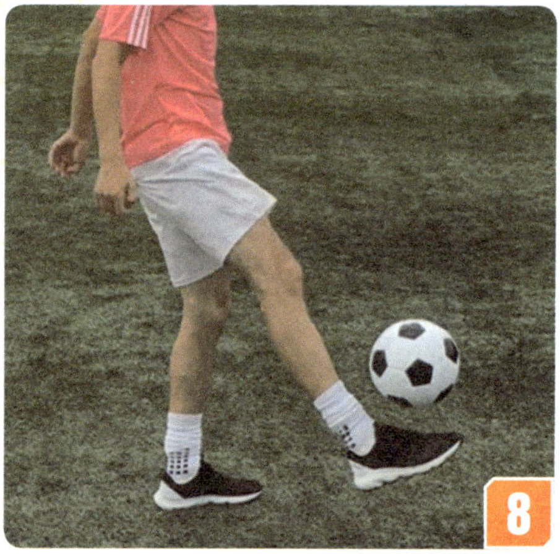

教练体会

从20世纪80年代马拉多纳扎实稳定的技术，到后来的罗纳尔迪尼奥的花式足球技术，足球技术在逐渐发展，所以我们要以发展的眼光看问题，而不能停留在过去。技术储备的广度和深度，是衡量球员自身价值的重要标准之一。我们的球员存在的问题往往是，虽然自身有优势，但是短板也很明显。所以，弥补自己的短板，也是训练中很重要的内容。只有这样，球员才能不断地完善自己、成就自己。

3.8 光脚颠球

光脚颠球增加了颠球的难度。由于正脚背不平，球员的触球部位更要准确。球员熟练掌握动作以后，稳定性能得到很大程度的增强。

球员光脚练习传球、射门，对把握触球部位、合理运用脚法很有帮助。很多高水平球员小时候都有光脚踢球的经历，这帮他们打下了扎实的基础。

光脚颠球的特点与沙滩足球的特点类似，因此，球员可以光脚在沙滩上进行训练。也可以尝试使用大小不同的球进行训练。

教练体会

球直接接触皮肤会给球员带来最直接的触觉体验。无论是传球、颠球还是带球，球员光脚训练会有完全不同的感觉，这是类似于沙滩足球的训练方法。观察球员光脚进行长传球的能力也是教练验证球员的长传基本功是否扎实的方法之一。我们也可以借鉴其他形式的足球运动，例如盲人足球运动。盲人球员看不到球，但是带球时非常熟练、流畅，通过听声音就可以带着球迅速移动，找到球门方向并完成射门。这给了我们很大的启发：很多简单的盘带球动作，都要求球员在不看球的情况下把动作做熟练。这说明了基本功的重要性，也说明了球员还有很大的潜力可以挖掘。

评测方法	评测要求		成绩表
用左、右脚交替连续颠球不落地	299个及以下	不及格	
	300~499个	60分	
	500~999个	80分	
	1000个及以上	100分	

3.9 连续颠球过顶

连续颠球过顶是指球员用正脚背、脚弓等不同部位，把球连续颠过头顶。连续颠球过顶要求球员的触球部位精准。

把球往上颠，让球直上直下是非常难的。球员熟练掌握这项训练内容以后，再把球往各个方向踢就会简单很多。球员在进行这项训练时，应尽量保持球的落点相对集中。

1

2

3

评测方法	评测要求		成绩表
连续颠球过顶20个。以球的落地次数确定成绩	落地1次及以上	不及格	
	落地0次	100分	

教练体会

在不停球的状态下进行一脚传球和凌空球射门都需要球员有很强的预判和控制能力。经过这项训练，球员对球的落点的判断和对触球部位的把握的精确度会得到提升，其动作也会更加稳定。比赛中需要一脚传球时，球员才不会因为触球部位不准确而失误。

训练日期（年/月/日）	时长（小时）	训练总结（失误原因，如何调整）

3.10 非惯用脚不落地连续颠球

非惯用脚不易控制，支撑腿也不习惯，这说明身体还有不协调的问题。

解决这个问题的训练方法很简单：左脚颠1个，右脚颠1个，左脚颠2个，右脚颠2个，左脚颠3个，右脚颠3个……以此类推，看看能颠多少个。一般，球员颠10个就能慢慢找到感觉。

球员用非惯用脚和支撑腿进行练习，有助于将来更好地用非惯用脚控球和传射。

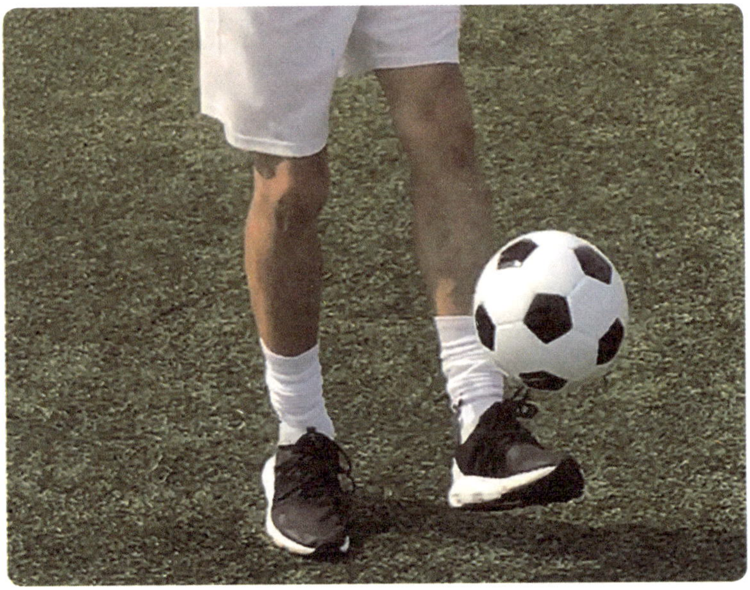

评测方法	评测要求		成绩表
球员用非惯用脚不落地连续颠球50个	落地3次及以上	不及格	
	落地2次	60分	
	落地1次	80分	
	落地0次	100分	

教练体会

肢体是由脑部支配的，所以球员训练控制肢体的过程也是开发脑部的过程，包括开发控制肢体的左右脑和开发控制身体平衡的小脑。多锻炼非惯用脚是球员提高自己的技术水平和自身价值的好方法。在盘带和突破中，球员一般会用惯用脚，因为惯用脚的速度快，动作流畅、自然。而在传球、射门中，球员必须双脚都能灵活地处理球，因为在比赛中，球员没有时间做调整，双脚都能灵活、迅速地处理球可以节省时间。这说明，球员的技术储备越充足、越全面，其在场上的表现越好。

训练日期（年 / 月 / 日）	时长（小时）	训练总结（失误原因，如何调整）

第4章

游戏和集体训练

4.1 两人对颠

两人相距5~20米的距离对颠，球不能落地。两人对颠要求球员准确判断来球的速度和高度，用身体各部位接球。球员用腿部接球时，球第一次反弹的高度不能超过肩的高度。传球指定了球的落点区域对球员的传球准确性有很高的要求。

两人之间的距离越远，难度越大，这对双方的传接球水平都是很大的考验。球员可以用小球训练，还可以间隔更远的距离进行长传球训练。接球的人保证球不落地，连续颠3~5下，证明自己已经控稳球，再把球放到地上，长传踢回，这样的训练对球员增强在比赛中接高空球的能力很有帮助。

指定的落点区域可以逐渐扩大以增加接球难度，这就要求球员必须移动接球。这更要求球员要有较高的技术水平，因为在快速移动中接球就更要控制好力度，判断好落点，同时控制好支撑腿的站位。因此，这也是非常有利于模拟正式比赛情况的训练内容。

当球员熟练移动接球动作以后，高空球飞到一半时，球员基本就能预判落点和球速。球员高水平的表现是学会利用球在运行过程中的时间差，迅速移动并找准落点，同时观察周围形势，以便合理地处理球，这就为结合球和分配球打下了扎实的基础。

教练可以组织一场比赛，以传接球的失误次数来决定胜负。

比赛方法

两人相距5~20米，指定落点区域，进行两人对颠。接球落地、传球出界都算失误，给对方加1分，看谁先得20分

评测方法	评测要求		成绩表
两人相聚20米左右，高球对颠，球不可以落地。要求接球第一下，球的反弹高度不能高过肩膀。接球后3~5次调整触球，随即传出。累计连续成功传递次数	9次及以下	不及格	
	10~29次	60分	
	30~49次	80分	
	50次及以上	100分	

教练体会

接球技术的敏捷和快速程度决定着技战术的发挥水平，尤其是在有对手盯防和干扰的情况下。加强该项训练能够减少赛场上接球的失误。在实际训练过程中，可以通过不断加大距离、增加球速来提升训练的难度，这对传球准度、力量的把控将会有较大的强化作用。熟练掌握该训练后，球员就有信心和能力把传到自己负责区域的球（无论是高球还是低球）接好，这有利于球员在不同位置表现出稳定的技战术水平。

4.2 边路接高球

边路接高球是指两人对颠，或者一人抛球，另一人接球。接球人站在边路附近，模拟比赛时的边路接球情况。在进行边路接高球时，要求球

1

2

3

不出界，球员接球的常用部位是脚弓、大腿、胸部等。

边路技术是一项非常重要的技术。高水平的比赛需要充分利用边路，这就要求球员站在边路附近接球。所以球员一定要适应这个位置，掌握边路接球的要领。边路接高球要求球员对落点的判断准确，停球的稳定性好，人球结合好，这样有利于技战术的连接。

评测方法	评测要求		成绩表
两人相聚20米左右，一人站在边线上，高球对颠，球不可落地、不可出界。要求接球第一下，球的反弹高度不能高过肩膀。接球后3~5次调整触球，随即传出。累计连续成功传递次数	9次及以下	不及格	
	10~29次	60分	
	30~49次	80分	
	50次及以上	100分	

教练体会

在实际比赛过程中，边路战术往往不容易实施，其深受长传的准确性和边路球员的接球技术水平的影响。该项训练可以让球员熟悉边路打法，适应边路控球。需要说明的一点是，在实际的比赛中，往往需要球员在快速移动中接球，这对技术水平又提出了更高的要求。

4.3 颠球接球

颠球接球是指两人相距5~20米进行训练，每人一球，一人颠球时，另一人向正在颠球的人传地面球或高空球，正在颠球的人用余光观察到来球后，迅速把自己正在颠的球传过去，然后接这个来球。

颠球接球的目的是训练球员视线的“分离度”，即利用余光观察的能力。有些球员做技术动作时不抬头，这会导致结合球和观察球是分开的两个动作，从而在分配球时出现反应迟缓、观察不全面的情况。这也和球员的技术水平不高、基本功不扎实有关。

球员把基本功练扎实了，就能让球更“听话”，在场上时，球员的注意力就可以从球上分离，在有把握处理好球的基础之上，其注意力可以分散到队友的跑动、对手的抢截、传球的线路、跑位的空间等方面。而且，球员在训练中习惯了观察，在正式比赛中防守时也会有所观察，从而做出上抢、盯人、补防等合理的选择，而不会“死”盯着球。这个时候，球员的场上意识就体现出来了。

这需要球员有很强的“多核运算”能力，要学会“一心多用”，在控好球的同时还要抬头观察，根据场上的变化做出合理的选择。

4.4 颠球推进

颠球推进是指球员用颠球的方式传球。A把球传给B后，A向前跑动，B接球后再把球传给A，B向前跑动，如此推进。在颠球推进的初级训练中，不要求球员跑得很快，但要求球不落地、接球稳定、调整次数少、传球准确、力度适中。

颠球推进是“撞墙配合”难度升级后的一项训练。在撞墙配合中，传球的准确度和力度都很关键，球员往往会因为传球的准确度、力度不恰当而出现失误。颠球推进对球员的传球准确度、力度有很高的要求。球员熟练掌握这项训练内容后，再处理地面球就比较轻松了。而且，这项训练也能提高队友之间的默契度。

比赛中往往会出现传球线路被对方“封死”的情况。但是，这也不是没有办法解决的。传过顶球就是一个很好的方法，适用于反越位等战术，需要球员之间具备默契的传跑配合和扎实的传接球技术。

在训练的过程中，教练通过观察球员的动作熟练程度、稳定性、放松的感觉等就能衡量球员的水平。

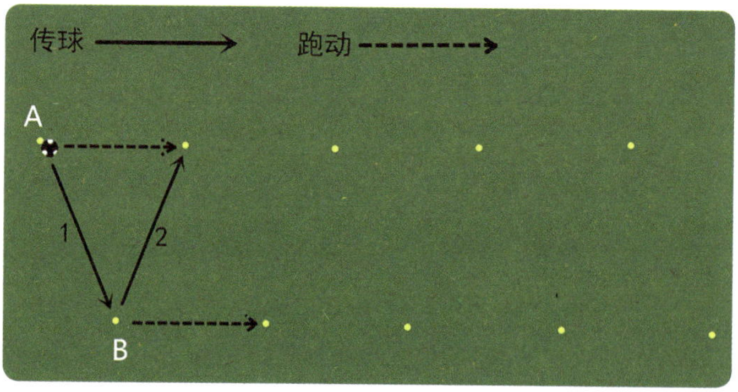

4.5 网式足球

网式足球的规则与排球类似，除了手不能碰球，身体其他部位都可以触球。网式足球要求球不落地，可以两人或多人进行训练，有边界和触球次数的限制，可以在足球场或沙地上进行，在沙地上训练，难度更大。

这项训练的难度很大，需要球员在高速移动中接球。同时，在训练中与队友配合，能提高默契度。这项训练对球感的要求很高，同时对增强球员用身体各部位处理球的能力有很大的帮助。

这项训练类似于排球，给了我们很大的启发。足球基础训练的真谛是什么？是球员在踢球时，尽可能做到像在用手控制球。达到了这个水平，球员在结合球和分配球时就会更加合理。

尤其是在禁区附近、防守密度大的区域，能否打好渗透战，是衡量一支球队水平高低的关键。世界高水平球员之间的配合，在很多时候就是其技术水平达到一定程度以后的即兴发挥，没有固定模式，普通训练很难达到这种水平。球员只有在训练中相互熟悉、相互了解，经常在一起进行高难度的配合训练，在比赛中才能做到“心有灵犀”。

4.6 乒乓足球

乒乓足球通常在类似于乒乓球台的桌上进行。其规则与乒乓球运动的规则类似，除了手，身体其他部位都可以触球。

乒乓足球对球感有很高的要求，对球员之间的配合，身体各部位的灵活运用，球感、力量的控制，落点的掌控等都很有帮助。

教练可以通过观察球员的稳定性、灵活性、协调性等来衡量球员的水平，此外教练可以按照乒乓球运动的记分规则，组织有趣的乒乓足球比赛。

4.7 三人两球传递

三个人呈三角形站位，每两个人之间相距5~20米。三个人用两个球，以空中球的方式传递。A和B同时颠球，B将球传给C，A在颠球的同时用余光观察到B传出球后，将球传给B，C在接到球后观察到A传出球时，把球传给A，如此循环。三人两球要求球不落地。其目的是训练球员在控球状态下的观察能力，要求球员学会用余光观察周围形势。在比赛中有较强的结合球的观察能力是球员合理分配球的前提。

教练可以通过观察球员的稳定性、熟练程度、放松状态等来衡量球员的水平。

在进行训练时，球员间的距离可以逐渐拉开，以增加难度和拓宽视野。

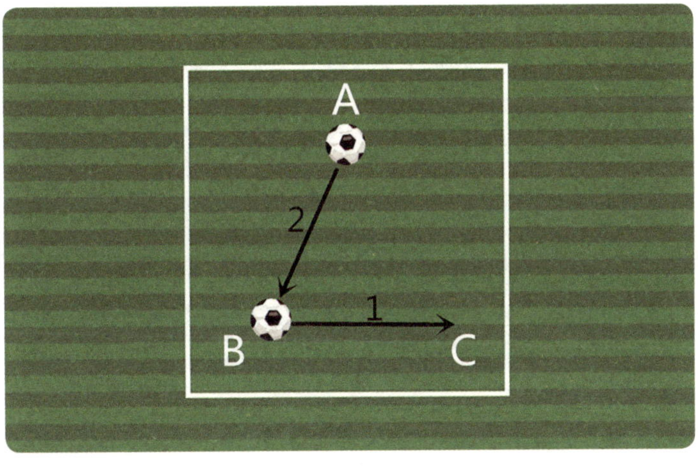

4.8 颠球相互干扰

颠球相互干扰是指在指定区域内，每位球员一个球，颠球且保证球不落地，并可随时移动。每位球员在颠球的同时，可移动着干扰别人，让别人的球落地，同时要注意躲避其他人的干扰，控制好自己的球，保证球不落地。

这项训练要求球员在控球的同时保持对周围形势的观察，要学会“一心多用”，把技术训练和增强观察能力逐渐结合起来。

教练可以按照失误次数计分，组织一次有趣的比赛。

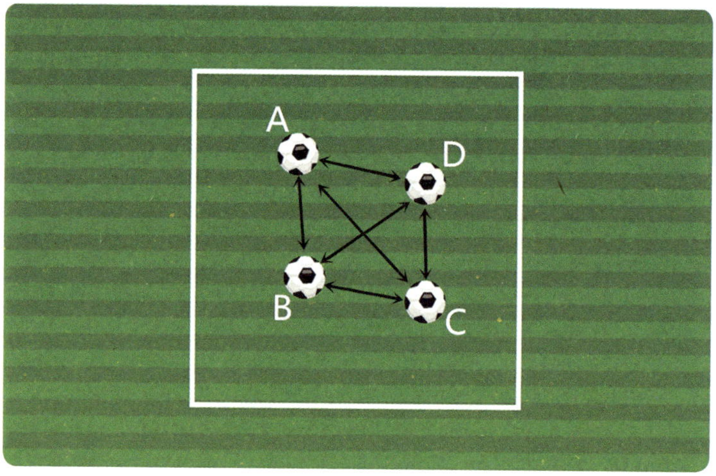

4.9 传跑空位

传跑空位是指三个人站在四角场地上，每人各占一个角，一个角是空位，用空中球的方式传球，要求球不落地。A传给C，A无球跑动跑向空位，C拿球后传给B，C无球跑动到刚才A离开后的空位，B拿球后继续传给A，B继续无球跑动到空位。如此循环传递。教练可以限制接球时的触球次数以增加难度，模拟比赛时的状态。

这项训练要求球员在传球过程中用余光观察队友的跑动，同时执行结合球和分配球技术；要求球员保证技术稳定、动作放松，熟练运用技术，观察全面。

在动作熟练以后，球员间的距离可以逐渐拉开，以提高难度、拓宽视野、增加跑动距离。

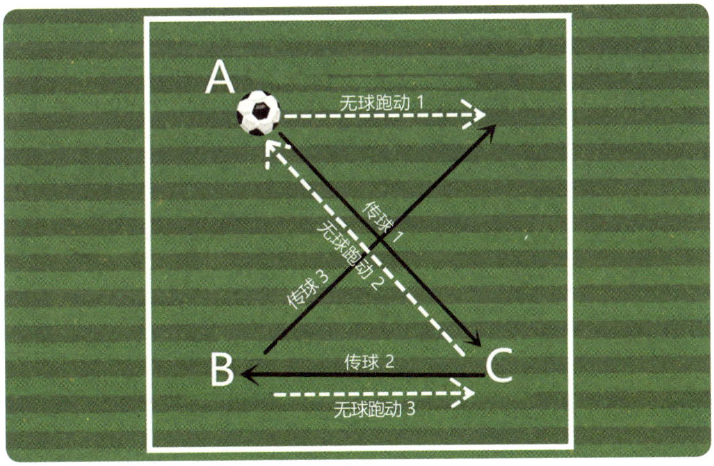

在比赛中，控球队员很多时候都缺少队友的跑动接应。尤其是在防守密集区域，本方接应点少，这就需要周围的队友积极跑动接应，才能打出流畅的配合。

接应方法包括向近处接应、向远处接应、撇开角度接应、身后接应、前插接应、套边接应等。

有很多进攻组合，例如巴西著名的3R组合（里瓦尔多、罗纳尔多、罗纳尔迪尼奥），罗罗组合（罗纳尔多、罗马里奥），巴塞罗那的MSN组合（梅西、苏亚雷斯、内马尔）等，都展现出出众的个人技术和团队配合能力，他们的技战术变化多样、威力无穷。这给了我们很大的启发：球员在增强个人能力的同时，也要增强团队配合能力，养成相互依靠、团结协作的良好习惯。

4.10 颠球遛猴

在边长为5米的方形区域内，1人在中间位置颠球，其余4人分别在4个角上颠球传递，要求球不落地。中间的人一边颠球一边移动干扰4人传球。4人连续传递20次为胜。任一方球落地为失败。当控球方逐渐适应后，可增加抢球球员的抢球速度，带球或者无球直接抢球，从而模仿比赛的强度（也可以调整场地大小、人数多少来增加或降低训练难度）。

这项训练已经有了抢球球员，所以控球球员要对队友、对手和球都有很全面的观察。这是关于结合球和分配球的难度非常大的训练，可以为球员适应比赛打下扎实的基础。

不论是地面球还是高空球的“颠球遛猴”训练，其都有一定的局限性：因为球员在围成一个圈时，都只能观察到身体前方的情况，而对身后情况的观察有所欠缺。

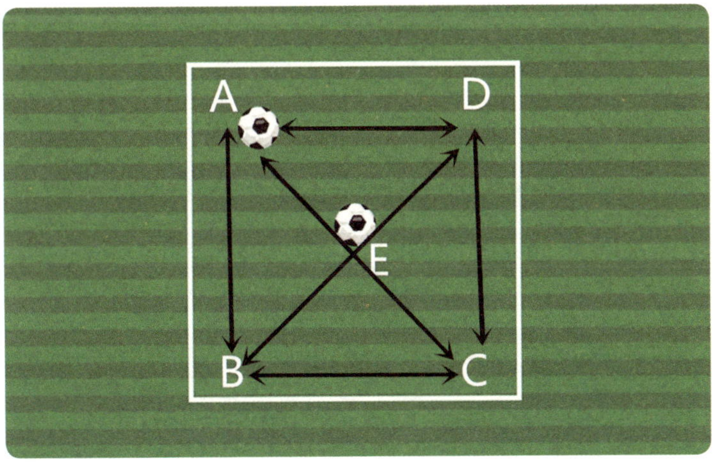

所以，在“颠球遛猴”训练中，场地变大，控球球员和抢球球员也相应地增加，球员共分为3组，一组抢球，另外两组传球，可以在场地内随意跑动。这就非常好地模拟了在比赛中的情况，既能增强球员对周围形势的观察能力，也能让球员更好地适应站位、跑位接应、场地大小。

这项训练结合高空球的方式进行，更有利于模拟比赛的情况，丰富球员处理球的方法。它要求球员不仅要观察线路和空当，还要观察点、空间、层次、防守密度，更要求球员尽量在拿球以前就进行充分的观察和思考，把结合球和分配球处理得更好。

作者简介

孙志祥，1981年出生，天津人，自幼酷爱足球，师从于足坛名宿田桂义教练和袁国庆教练，中国足协D级教练员。